BEI GRIN MACHT SICH IHR WISSEN BEZAHLT

- Wir veröffentlichen Ihre Hausarbeit,
  Bachelor- und Masterarbeit

- Ihr eigenes eBook und Buch -
  weltweit in allen wichtigen Shops

- Verdienen Sie an jedem Verkauf

Jetzt bei www.GRIN.com hochladen
und kostenlos publizieren

Bibliografische Information der Deutschen Nationalbibliothek:

Die Deutsche Bibliothek verzeichnet diese Publikation in der Deutschen National-
bibliografie; detaillierte bibliografische Daten sind im Internet über http://dnb.d-
nb.de/ abrufbar.

Dieses Werk sowie alle darin enthaltenen einzelnen Beiträge und Abbildungen
sind urheberrechtlich geschützt. Jede Verwertung, die nicht ausdrücklich vom
Urheberrechtsschutz zugelassen ist, bedarf der vorherigen Zustimmung des Verla-
ges. Das gilt insbesondere für Vervielfältigungen, Bearbeitungen, Übersetzungen,
Mikroverfilmungen, Auswertungen durch Datenbanken und für die Einspeicherung
und Verarbeitung in elektronische Systeme. Alle Rechte, auch die des auszugsweisen
Nachdrucks, der fotomechanischen Wiedergabe (einschließlich Mikrokopie) sowie
der Auswertung durch Datenbanken oder ähnliche Einrichtungen, vorbehalten.

Impressum:

Copyright © 2018 GRIN Verlag
Druck und Bindung: Books on Demand GmbH, Norderstedt Germany
ISBN: 9783346187970

Dieses Buch bei GRIN:

https://www.grin.com/document/704500

Anonym

Das Konzept vom Selbstgesteuerten Lernen. Die Umsetzung in der beruflichen Bildung

GRIN Verlag

GRIN - Your knowledge has value

Der GRIN Verlag publiziert seit 1998 wissenschaftliche Arbeiten von Studenten, Hochschullehrern und anderen Akademikern als eBook und gedrucktes Buch. Die Verlagswebsite www.grin.com ist die ideale Plattform zur Veröffentlichung von Hausarbeiten, Abschlussarbeiten, wissenschaftlichen Aufsätzen, Dissertationen und Fachbüchern.

Besuchen Sie uns im Internet:

http://www.grin.com/

http://www.facebook.com/grincom

http://www.twitter.com/grin_com

Inhaltsverzeichnis

1. Einleitung

Im Rahmen der Entwicklungspsychologie, sowie in der heutigen Bildungsdiskussion ist das Konzept vom selbstgesteuerten Lernen ein aktuelles Thema. Das Lernen findet an allen Bildungsinstitutionen statt und nimmt in der Schule, Hochschule und der beruflichen Bildung- und Weiterbildung einen bedeutsamen Stellenwert ein. Das selbstgesteuerte Lernen ist nicht nur im Bereich des akademischen Lernens an der Hochschule die entscheidende Fähigkeit und Voraussetzung für einen guten Abschluss, sondern auch in der dualen Berufsausbildung.

Die Zusammensetzung der Berufsschulklassen in der Bundesrepublik Deutschland ist durch Heterogenität gekennzeichnet. Das bedeutet, dass die anwendbaren Methoden im Lehren und Lernen eine besonders wichtige Rolle spielen. Jedes einzelne Individuum hat das Recht eine optimale Förderung zu bekommen, um das Ausbildungsziel zu erreichen. Seit 2010 fordert das Hamburger Schulgesetz die Individualisierung des schulischen Lernens. So kann dem Wunsch nach personalisierten Lernen und Anwendbarkeit im Unterricht nachgekommen werden (vgl. Tredop/Schwartz, 2011, S.10). Die berufliche Bildung hat die Bedeutsamkeit vom selbstgesteuerten Lernen erkannt. Im Januar 2011 hat das Hamburger Institut für berufliche Bildung Perspektiven sowie Leitlinie für die Berufsschulen in Hamburg als Hilfestellung veröffentlicht (vgl. Hamburger Institut für berufliche Bildung, 2011, S.). Diese Hilfestellung in Form von Leitlinien dient zur Orientierung für Lehrende, um die Lernenden zu unterstützten und das selbstgesteuerte Lernen anzuregen. Der Theorie nach werden hierdurch Ansätze geliefert. Die vorliegende Arbeit befasst sich mit der Fragestellung, ob sich das Konzept des selbstgesteuerten Lernens in der dualen Ausbildung, wie gefordert umsetzen lässt. Diese Fragestellung ist durch die Inhalte der Berufsbildungsseminare entstanden. Zur Einführung in die Thematik wird kurz der historische Hintergrund und die aktuelle Bedeutung des Konzeptes skizziert. Im Anschluss wird das Konzept des selbstgesteuerten Lernens definiert und beschrieben, insbesondere welche theoretischen Annahmen dem Konzept zugrunde liegen. Im Anschluss wird die duale Berufsausbildung in der Bundesrepublik Deutschland kurz beleuchtet, um die Rahmbedingungen für den anschließenden Hauptteil zu beschreiben. Im Hauptteil setzt sich die Arbeit mit dem selbstgesteuerten Lernen in der beruflichen Bildung am Beispiel der Kaufleute im Einzelhandel auseinander. Dazu werden die Anforderungen an die Auszubildenden, die nach festgeschriebenen Vorgaben definiert sind und deren Umsetzungen werden in der Praxis betrachtet. Den Abschluss der Arbeit bildet das Fazit, wo die Ergebnisse zusammengefasst werden.

2. Historische Entwicklung und die aktuelle Bedeutung

Im folgenden Abschnitt der Arbeit wird ein kurzer Überblick über die Entstehungsgeschichte, der Idee und des Begriffes des selbstgesteuerten Lernens gegeben. Des Weiteren wird auf die aktuelle Bedeutung eingegangen.

„Was der Mensch sich nicht selbstthätig an geeignet hat, hat er gar nicht; wozu er sich selbst nicht gebildet hat, ist gar nicht in, sondern ganz außer ihm" (Deitering, 1995, S.13).

Der Grundstein für das selbstgesteuerte Lernen wurde im 20. Jahrhundert durch die humanistische Pädagogik und Reformpädagogik gelegt. Montessori, 1909, und Rogers, 1984, heben die selbststätige Erziehung der Kinder hervor. Besonders zu erwähnen ist das Werk „Lernen in Freiheit" von Rogers, indem die heutigen Grundlagen des selbstgesteuerten Lernens festgehalten sind (vgl. Rogers, 1984; Montessori, 1909, S.149ff.). In den 70er Jahren wurde nur vereinzelt das Konzept des selbstgesteuerten Lernens in Schulen und Hochschulen integriert. Das war eine Folge der Bildungsdiskussion Ende der 60er Jahre. Diese Bildungsdiskussion hatte das Ziel die Selbstverwaltung, -verantwortung und -bestimmung in der Bildung vermehrt zu integrieren und zu forcieren (vgl. Deitering, 1995, S.13f.). Die Wirtschaft und die Industrie haben in den 80er Jahren sich der Methoden des selbstgesteuerten Lernens für deren Aus- und Weiterbildung bedient (vgl. ebd.).

Die Fähigkeit des selbstgesteuerten Lernens wird heutzutage in allen Bildungsinstitutionen als Voraussetzung angesehen. Abgesehen davon ist ein weiterer Aspekt die aktuelle Wissensexplosion und die damit einhergehende gesellschaftliche Entwicklung zu einer Wissensgesellschaft. Der schnelle wissenschaftliche und technologische Fortschritt lässt in der beruflichen Bildung eine Wissensveralterung entstehen, die mit dem Konzept des selbstgesteuerten Lernens im Rahmen von Fort- und Weiterbildungen entgegengewirkt werden kann (vgl. Friedrich/Mandl, 1997,

S.237). Daraus resultiert, dass es immens wichtig ist die beruflichen Kompetenzen und Qualifikationen ständig auf dem neusten Stand zu halten. Dieser Anspruch basiert auf der Bereitschaft zum eigenständigen Lernen. Das selbstgesteuerte Lernen wird somit zur Schlüsselqualifikation in unserer Gesellschaft (vgl. Wild et al., 2006, S.644).

3. Das Konzept des selbstgesteuerten Lernens

Das folgende Kapitel befasst sich mit dem Konzept des selbstgesteuerten Lernens. Es wird versucht eine Definition des Konzeptes zu formulieren und somit die theoretische Einordnung und die Funktionsweise zu erläutern.

Das Konzept des selbstgesteuerten Lernens hat die Ursprünge im Konstruktivismus. Der Konstruktivismus zeichnet und grenzt sich ab, indem das Lernen als Konstruktion des vermittelten Wissens und der Konstruktion der umliegenden Welt betrachtet wird (vgl. Rebmann/Schlömer, 2011, S.8). Hierbei handelt es sich um einen internen Prozess, im Gegensatz zum Behaviorismus und Kognitivismus. Diese beiden Sichtweisen sind der Auffassung, dass das Konditionieren und das Lernen als Wissensvermittlung von außen sichtbar ist (ebd.).

Nach Siebert (2003) ist das Lernen eine selbstgesteuerte, konstruktive, biografisch geprägte, überlebensdienliche, kognitive und emotionale Tätigkeit. Weiterführend folgert Siebert (2003), dass das Lernen als individuelle Wissenskonstruktion von mehreren Faktoren beeinflusst wird. Das Konstruieren von Wissen wird unteranderem durch die Emotionen und Kognitionen beeinflusst. Des Weiteren lässt sich das selbstgesteuerte Lernen nicht von außen steuern und determinieren (vgl. Siebert, 2003, S.16). Die Steuerung und Determinierung vom selbstgesteuerten Lernen kann nur durch die individuell unterschiedliche Selbstorganisation stattfinden (ebd.). Nach dieser konstruktivistischen Annahme steht der Lernende im Mittelpunkt und konstruiert sich sein Wissen selbst, indem er seine Umwelt wahrnimmt und interpretiert. Erst das Verknüpfen von den neuen Erfahrungen und Eindrücken mit den alten Erfahrungen sorgt für die Erweiterung der Wissensstrukturen. Das neu geschaffene Wissen wird durch die Integration in zukünftige soziale Handlungen im Alltag erprobt und verstärkt (vgl. Rebmann/Schlömer, 2011, S.8; Konrad, 2004, S.18). Demzufolge setzt der Konstruktivismus, also das selbstgesteuerte Lernen, das Lernvermögen und die Lerndisposition des Lernenden in den Mittelpunkt. Der Prozess ist ein systematischer Kreislauf, der durch Störungen und Verwirrungen ausgelöst wird (vgl. Rebmann/Tenfelde, 2008, S.37ff.). Diese subjektiven wahrgenommenen Störungen, auch Pertubation genannt, werden durch sprachliche Interaktionen oder unbefriedigte Handlungsergebnisse herbeigeführt (ebd.). Irrtümer, Widersprüche oder Konflikte mit ihren bisherigen Erfahrungen sind Beispiele für Pertubationen. Bereits beim Feststellen, dass es sich um eine Störung handelt, kann das Gehirn versuchen die Unstimmigkeit bzw. Störung zu korrigieren, jedoch gelingt das nicht immer. Hierbei ist das Phänomen der Vorlesung in der Universität heranzuführen. Die Vorlesungen sollen den Studierenden aufzeigen, dass sie das neue Wissen nicht sofort verstehen und aufnehmen können. Aus diesem Grunde haben die Studierenden die Thematiken selbstständig nachzuarbeiten. Durch diesen internen Prozess können nun kognitive Strukturen eines Erfahrungsbereiches weiterentwickelt werden (ebd.). Wahrnehmung kann ebenfalls ausgelöst werden, wenn bereits vorhandene Erfahrungen neu erfahren werden. Hierbei werden keine Informationen aus der Umwelt aufgenommen und zu neuen Erfahrungen verarbeitet, sondern das Gehirn nimmt diese Einflüsse wahr und konstruiert die Umwelt selbst. In diesem Fall werden Erfahrungen erzeugt, indem eine Verknüpfung zwischen den Wahrnehmungen und den bestehenden Erfahrungen hergestellt wird (vgl. Rebmann/Schlömer, 2011, S.10). Explizit diese Verknüpfungen bilden das notwendige Fundament für den lebenslangen Wissenserwerb. Das Wissen besteht aus zusammengefügten Handlungserfahrungen. Das bedeutet, dass die bereits beschriebenen Erfahrungen angewendet und erprobt werden. Diese sozialen Handlungen zeigen dem Lernenden auf, ob die Handlungserfahrungen brauchbar sind oder nicht (ebd.). Das Wissen wird ständig und permanent überprüft, indem es sich unter verschiedenen Situationen bewähren muss. Durch diese ständige Überprüfung entsteht das Konstrukt des Lernens. Die Lernenden müssen ein gewisses Wissen und Verständnis erlangt haben. Das Handeln ist Bestandteil von sozialer Interaktion. In diesem Kontext verdient die Sprache eine besondere Betrachtung. „Aus sprachlichem und kommunikativem Handeln erwächst kollektives Wissen, das individuelles Handeln auch sozial orientiert und reguliert" (Rebmann/Tenfelde, 2008, S.50). Das Verstehen der anderen gelingt dem Lernen nur durch die Interaktion und Kommunikation. Durch die Erfahrungen und Handlungen anderer Individuen können wieder Perturbationen auftreten, die den Lernprozess erneut in Gang setzt, obwohl zu diesem Zeitpunkt der Lernprozess vermeintlich abgeschlossen war.

Im Gegensatz zu den Schwerpunkten von Rebmann et al. legt Siebert andere Schwerpunkte auf das selbstgesteuerte Lernen. Die unterschiedlichen Schwerpunkte lassen sich kombinieren, indem der Wille zum Lernen seitens des Lernenden als gemeinsamer Konsens genommen wird. Der Lernende muss das Interesse besitzen, den Lernprozess eigenständig in Gang zu setzen (vgl. Siebert, 2003, S.30). Nach Siebert kann die Steuerung der Aufmerksamkeit auf das bestehende Lehrangebot nur gelenkt werden, wenn eine Aufgabe oder ein unbekannter Sachverhalt die Perturbation darstellt.

Bei dem Lernenden entsteht eine Irritation, die zu einer neuen Erfahrung heranreift. Es findet ein Vergleich mit anderen Erfahrungen statt. Da eine vergleichbare Aufgabe noch nie gelöst wurde, entstehen neue kognitive Strukturen. Die Zusammenhänge zwischen den verschiedenen Informationen werden als Assoziationen beschrieben (ebd.). Die Assoziationen sind bei den Erfahrungen angesiedelt. Das ist Voraussetzung für die Wissenskonstruktion. Siebert zufolge handelt es sich nicht um eine Konstruktion, sondern um einen Erwerb, den Wissenserwerb. Die Integration beschreibt die Verarbeitung der Informationen in neues Wissen. Bei dem Konzept des selbstgesteuerten Lernens spielt eine permanente Selbst- und/oder Fremdenkontrolle eine wichtige Rolle. Die Einheiten Selektion, Assoziation, Erwerb und Integration werden hinsichtlich der vorgegebenen Ziele bewusst gesteuert und reflektiert (vgl. Siebert, 2003, S.31).

Die Lehrenden stehen bei der Umsetzung des Konzeptes in der Verantwortung. Sie haben den Auftrag das Interesse für das Erlernende zu wecken und somit eine wichtige Voraussetzung zu schaffen. Sie legen den Rahmen des Lernens fest, welcher sich an rechtlichen Forderungen wie den Rahmenlehrplänen orientiert. Des Weiteren ist der Wissensstand der Lernenden nicht zu vernachlässigen, sondern daran anzuknüpfen. Das zu intensive Eingreifen in das Lernen durch die Lehrenden ist nicht erwünscht, da das Lernen höchstindividuell und selbst gesteuert erfolgt. Sie begleiten den Selbstbildungsprozess. Die Lehrenden nehmen die Rolle des Helfenden oder Coaches ein, um mit den Lernenden die Inhalte zu reflektieren, zu evaluieren und zu vertiefen (vgl. Konrad, 2004, S.18).

Zusammenfassend beinhaltet das Konzept des selbstgesteuerten Lernens eine höchstindividuelle Wissenskonstruktion, welche sich durch Umweltfaktoren beeinflussen lässt. Ob und wie sich das Konzept in die duale Berufsausbildung übertragen lässt, soll in den folgenden Kapiteln geklärt werden.

4. Die duale Berufsausbildung in der Bundesrepublik Deutschland

In diesem Abschnitt der Arbeit wird die duale Berufsausbildung in der Bundesrepublik Deutschland kurz skizziert, indem unteranderem die Rahmenbedingungen und die rechtlichen Grundlagen erläutert werden. Das bildet die theoretische Grundlande für das darauffolgende Kapitel.

„Mehr als die Hälfte eines Altersjahrgangs (2015: 52,4 %) beginnt eine Ausbildung in einem der rd. 330 nach BBiG/HwO anerkannten Ausbildungsberufe. Bundesweit gab es Ende 2015 rd. 1,34 Mio. Auszubildende (2014: 1,36 Mio.)" (Milde, 2017, S.9).

Die häufigste Form der beruflichen Erstausbildung in Deutschland findet sich in der dualen Berufsausbildung wieder, was eine Ausbildung an zwei verschieden, aber kooperierenden Lernorten bedeutet. Einerseits findet die Ausbildung in einem Betrieb statt, andererseits ist die schulische Ausbildung an einer Berufsschule verortet (vgl. Rebmann/ Tenfelde/ Schlömer 2011: S.8). Als erstes suchen sich die Auszubildenden einen Betrieb. Kommt es zu einem Vertragsabschluss, besteht für sie die Berufsschulpflicht, welche sich aus dem Reichsschulpflichtgesetz, eingeführt 1938, begründet (ebd.). Zudem regelt das Berufsbildungsgesetz den betrieblichen Teil der Berufsausbildung. Die rechtlich institutionellen Rahmenbedingungen liegen in verschiedenen Zuständigkeiten, wie Bund, Länder, Unternehmen und deren Selbstverwaltungsorganen. So regelt beispielsweise das zuständige Land über das Schulpflichtgesetz die berufliche Ausbildung in den Schulen (vgl. Rebmann/ Tenfelde/ Schlömer 2011: S.8ff). Hier entspringt einer der zwei wichtigsten Rahmenfestlegungen, der Rahmenlehrplan. Dieser ist eine Vereinbarung, welche Ziele und Inhalte des berufsbezogenen Unterrichtes der Berufsschulen vorgibt (vgl. Online Akademie GmbH & Co. KG 2016). Der Rahmenlehrplan wird durch die Kultusministerkonferenz beschlossen (vgl. Kultusministerkonferenz 2016). Die andere Komponente wird durch die Ausbildungsordnung gebildet. Diese regelt die zu vermittelnde Kenntnisse und Fähigkeiten im Bereich der betrieblichen Ausbildung. Zusammen bilden sie die Grundlage für die duale Berufsausbildung (ebd.). Folglich erfüllen Berufsschule und Betrieb gleichermaßen einen gemeinsamen Bildungsauftrag. Die vermittelten Kompetenzen aus beiden Bereichen werden in Zwischen- und Abschlussprüfungen abgefragt. Mit Ablegen der Prüfung erhalten die Auszubildenden den anerkannten Abschluss in dem jeweiligen ausgebildeten Beruf. Hierbei handelt es sich um eine Qualifikation. Die Umsetzung des selbstgesteuerten Lernens in der dualen Berufsausbildung wird, auf Grundlage dieser Ausführungen, im folgenden Kapitel analysiert.

5. Das selbstgesteuerte Lernen in der dualen Berufsausbildung

Dieser Abschnitt der vorliegenden Arbeit befasst sich mit der Umsetzung des selbstgesteuerten Lernens in der dualen Berufsausbildung in der Bundesrepublik Deutschland und bildet den Hauptteil. Die Ausbildungsorte Berufsschule und Ausbildungsbetrieb werden separat voneinander betrachtet. Die Voraussetzung zum theoretischen Verständnis wurde bereits im vorangegangenen Abschnitt geschaffen.

Die Grundlage für den Unterricht im Lernort Berufsschule wird durch den Rahmenlehrplan gebildet, wie im vorherigen Kapitel beschrieben. Darüber hinaus gibt der Rahmenlehrplan ebenfalls die Ziele der Berufsschule vor. Dadurch wird gewährleistet, dass das Bildungsangebot an dem Lernort Berufsschule differenziert und flexibel ist, um die Fähigkeiten und Begabungen unterschiedlichster Schüler abdecken zu können (vgl. Kultusminister Konferenz, 2004, S.2). Diese einzuhaltende Determinante setzt voraus, dass der Rahmenlehrplan auf dem Hauptschulabschluss aufbaut und die Mindestanforderungen an die Schüler beschreibt (ebd.). Der Rahmenlehrplan ist so konzipiert, dass er an unterschiedliche Ausbildungsniveaus und Wissensstände anknüpft. Dieser Fakt ist eine Voraussetzung für das selbstgesteuerte Lernen. Daraus resultiert, dass die Auszubildenden die Möglichkeit und eine realistische Chance haben an ihrem individuellen Niveau anzuschließen und erfolgreich in der Ausbildung zu lernen. Im Rahmenlehrplan wird ausdrücklich auf das individuelle Fördern von Schülern, entsprechend ihren individuellen Möglichkeiten, verwiesen (vgl. Kultusminister Konferenz, 2004, S.5). Um diese

Möglichkeiten zu gewährleisten, ist der Rahmenlehrplan in Lernfelder aufgeteilt. Des Weiteren wird keine Unterrichtsform oder -methode vorgeschrieben, stattdessen steht das selbstständige und verantwortungsbewusste Denken und Handeln im Mittelpunkt (vgl. Kultusminister Konferenz, 2004, S.2). Allgemein wird der Unterricht und die gewählte Methode der Lehrkräfte an der bestmöglichen Förderung der Handlungskompetenz gemessen. Die Forderung nach Selbstständigkeit und Verantwortungsbewusstsein im Denken und Handeln lässt sich mit dem individuellen Lernen koppeln, da auch hier das selbstständige Lernen im Vordergrund steht. Die Identifizierung von drei weiteren Umsetzungspunkten und -möglichkeiten lassen sich anhand der Kultusminister Konferenz (2004) aufzeigen. Der erste Umsetzungspunkt ist in der Gestaltung handlungsorientierter Unterrichte zu finden. Laut der Kultusminister Konferenz (2004, S.5) heißt es: „Didaktische Bezugspunkte sind Situationen, die für die Berufsausübung bedeutsam sind (Lernen für Handeln)." Diese Situationen können mit Perturbationen, wie in Kapitel 3 beschrieben, verglichen und gleichgesetzt werden, weil im Unterricht Probleme oder Irritationen bei den Schülern auftreten. Hierbei könnte es sich um eine berufsbezogene Aufgabe handeln, die sich an der Ausbildungsordnung und dem Rahmenlehrplan orientiert. Aufgrund dessen, dass solche Aufgaben oder der abgefragte Inhalt noch nicht behandelt wurde, findet eine Erweiterung der kognitiven Strukturen statt, da keine ähnlichen Erfahrungen vorhanden sind. Die Erweiterung ist die Entstehung von neuem Wissen, welches im beruflichen Alltag des Ausbildungsbetriebes umgesetzt werden kann. Dieser Kreislauf kann selbst im Ausbildungsbetrieb fortgesetzt werden. Der zweite Umsetzungspunkt lässt sich am Handeln bzw. Umsetzen des Wissens festmachen. „Den Ausgangspunkt des Lernens bilden Handlungen, möglichst selbst ausgeführt oder aber gedanklich nachvollzogen (Lernen durch Handeln)" (Kultusminister Konferenz, 2004, S.5). Die Möglichkeit wäre, dass das bereits erlangte Wissen in Handlungen übertragen werden muss, um eine Festigung durch Handlungen zu generieren. Jedoch ist es auch möglich, dass diese Handlungen eine erneute Perturbation auslösen. Der Kreislauf würde erneut beginnen oder würde an erprobe Handlungen anknüpfen. Die neu erfahrenen Wahrnehmungen werden neu erprobt und mit den vorhandenen Erfahrungen abgeglichen. Bei diesem Prozess stellen die Auszubildenden fest, ob sich das neue Wissen bewährt. Sie müssen es verstehen und danach handeln. Die Auszubildenden lernen somit durch ihr Handeln. Das bedeutet, dass sie ihr Wissen und ihre Erfahrungen mit einbeziehen und ihr Handeln sich davon ableiten lässt. Der letzte zu erkennende Umsetzungspunkt der Verknüpfungsmöglichkeiten lässt sich anhand der Autonomie des Lernenden festhalten. „Handlungen müssen von den Lernenden möglichst selbstständig geplant, durchgeführt, überprüft, ggf. korrigiert und schließlich bewertet werden" (Kultusminister Konferenz, 2004, S.5). Im Vordergrund steht hier, wie auch beim Konzept des selbstgesteuerten Lernens, die Selbstständigkeit und Individualität. Die Etappen im angeführten Zitat beinhalten die Lernannahme des Konstruktivismus. Selbstständigkeit beim Lernen, Wissensaufbau, Integration in Handlungen, Kommunikation und Reflektion sind grundlegende Bestandteil, die im Konstruktivismus, im Konzept des selbstgesteuerten Lernens aber auch im Rahmenlehrplan für den Ausbildungsberuf Kaufmann im Einzelhandel/ Kauffrau im Einzelhandel Verkäufer/ Verkäuferin zu finden ist. Im Lernort (Ausbildungs-)Betrieb wird das Ausbildungsverhältnis durch die Ausbildungsordnung geregelt. Im Vergleich zum Rahmenlehrplan werden hier keine konkreten Hinweise auf die anzuwendenden Methoden hinsichtlich des selbstgesteuerten Lernens angesprochen und konkretisiert. Es lassen sich lediglich Rahmenbedingungen und Ausbildungsinhalte identifizieren (vgl. VerkEHKfAusbV, 2017, S.8f; Malcher, 2017, S.17ff.). Das bedeutet, dass der Ausbildungsbetrieb an keine vorgeschriebenen Methoden gebunden ist, jedoch lassen sich Ansätze des selbstgesteuerten Lernens in die Praxis umsetzen. Unteranderem kann eine dargelegte Problemstellung als Perturbation dienen, um Ausbildungsinhalte durch selbstständiges Lernen zu vermitteln.

Eine denkbare und realistische Aufgabe wäre es, eine Ware in ihrer Präsentation zu optimieren, sodass die Kunden zum Kauf angeregt und die Vorgaben des Ausbilders erfüllt werden (vgl. VerkEHKfAusbV, 2017, S.8; Malcher, 2017, S.20). Die Auszubildenden haben keine Erfahrung mit diesen Aufgaben, sodass sie nicht auf Erfahrungen zurückgreifen können. Dadurch sind sie selbst gefordert, eigenständig eine adäquate Lösung zu finden. Bei diesem Prozess wird neues Wissen konstruiert. Neben ihren eigenen Gedanken, erkundigen sie sich bei Anderen, um auf deren Erfahrungen und dessen Wissen zurückzugreifen. Die daraus resultierenden neuen Wissensstrukturen können nun in die Aufgabenlösung, also der Warenpräsentation, eingebunden werden. Nach der Erfüllung der Aufgabe sind die Auszubildenden in der

Lage ihre geleistete Arbeit mit den theoretischen Grundlagen zu reflektieren. Der Ausbilder nimmt die Rolle des Coaches bzw. des Helfers ein, wie es beim Konzept des selbstgesteuerten Lernens erwünscht ist, indem sein Feedback in Form von Kommunikation und Handlungen zur Wissenskonstruktion beiträgt. Ein Vorteil durch Feedback ist, dass die Auszubildenden die Erfahrungen abgleichen und auf deren Brauchbarkeit prüfen können. Folglich ist das konstruierte Wissen selbst brauchbar und kann eingesezt werden. Es ist dennoch möglich, dass sich aus der Reflektion neue Perturbationen ergeben. Der Kreislauf beginnt wieder von vorne. Der Ausbilder muss stets als Hilfestellung zur Verfügung stehen, aber darf nicht in das selbstgesteuerte Lernen eingreifen.

Eine weitere mögliche Methode im Betrieb, um das Verfahren einzusetzen, wäre die Projektmethode. Hier wird den Auszubildenden ein Projekt übertragen, bei dem sie selbstständig die Planung, die Durchführung und die Kontrolle übernehmen. Die optimale Umsetzung lässt sich durch die Erfahrung anderer und den eigenen gemachten Erfahrungen erzielen. Der Ausbilder ist wie im obigen Beispiel lediglich Helfer bzw. Coach und greift nicht aktiv in den Prozess ein.

Die Thematik der Medien als Form des Lernens wurde noch nicht betrachtet. Es wird jedoch kurz darauf eingegangen. Medien können das selbstgesteuerte Lernen unterstützen. Eine mögliche Form wäre E-Learning im Betrieb, um den Auszubildenden die Wissensgrundlagen zu vermitteln. Durch methodisch interessante, gestaltete Programme wird die Möglichkeit geschaffen die grundlegenden Theorien mit der Praxis zu verbinden. Hier konstruieren die Auszubildenden das Wissen selbst und sind dann in der Lage es im Betrieb anzuwenden. Durch diesen Ansatz wird die Selbstständigkeit gefordert aber auch gefördert. Jedoch müssen gewisse Voraussetzungen erfüllt, wie zum Beispiel die technische und organisatorische Infrastruktur, sowie müssen Kompetenzen seitens der Nutzer mitgebracht werden.

Zusammenfassend ist zu sagen, dass selbst im Ausbildungsbetrieb das Konzept des selbstgesteuerten Lernens gewinnbringend und effektiv angewendet werden kann, wenn der Methodeneinsatz für das Lernen der Auszubildenden richtig gewählt ist. In der Berufsschule sieht der Rahmenlehrplan die theoretischen Grundlagen vor, um das Konzept des selbstgesteuerten Lernens zu ermöglichen.

6. Fazit

Am Anfang der vorliegenden Hausarbeit stand die Frage, ob das Konzept des selbstgesteuerten Lernens sich der Berufsausbildung umsetzen lässt.

Der Rahmenlehrplan gibt die Vorgaben für den Lernort Berufsschule vor und fordert die Förderung der Individualität und des selbstgesteuerten Lernens. Es werden keine methodischen Vorgaben zur Gestaltung des Unterrichtes gemacht, stattdessen werden nur Hinweise gegeben, dass die Methodiken sich der Individualität der Auszubildenden anzupassen haben. Die Lehrkraft hat eine gründliche Lerngruppenanalyse durchzuführen und die Rolle des Helfenden bzw. des Coaches einzunehmen. Daraus ist abzuleiten, dass das selbstgesteuerte Lernen die höchste Priorität in der Berufsschule hat, da die Forderungen der Kultusminister Konferenz und die wichtigsten Aspekte des Konzeptes des selbstgesteuerten Lernens sich optimal integrieren lassen. Die Ausbildungsordnung stellt keine expliziten Anforderungen an das selbstgesteuerte Lernen im Hinblick auf die methodische Wissensvermittlung am Lernort Betrieb. Den Ausbildern ist es selbst überlassen, wie sie das selbstgesteuerte Lernen und das optimale Lernen methodisch sicherstellen. Das angesprochene E-Learning und die Form der Projektmethode sind sehr gute Praxisbeispiele, an denen sich die methodische Umsetzung im Betrieb veranschaulichen lässt. Genau wie in der Berufsschule haben die Ausbilder eine helfende, unterstützende, aber keine eingreifende Rolle einzunehmen. Die Lernortkooperation zwischen Berufsschule und Ausbildungsbetrieb sorgt dafür, dass der Ausbildungserfolg der Auszubildenden im Fokus steht. Es ist daraus zu folgern, dass sich das Konzept des selbstgesteuerten Lernens in der dualen Berufsausbildung umsetzen lässt. Die Umsetzung ist auch nach Rahmenlehrplan, der Kultusminister Konferenz und der Ausbildungsordnung eindeutig gefordert. Inwieweit jeder Betrieb, jeder Ausbilder und jeder Berufsschullehrer diese Forderungen umsetzen kann und will, kann nicht eindeutig bestimmt werden. Allerdings kann der Erfolg des Lernkonstrukts nicht nur von den Voraussetzungen des Betriebes oder der Berufsschule abhängen. Lernmotivation und Selbstorganisation sind Voraussetzungen, die die Auszubilden mitzubringen haben, damit das selbstgesteuerte Lernen erfolgreich umgesetzt werden kann. So kann das Ausbildungsziel erreicht werden.

Literaturverzeichnis

Deitering, F.G. (1995): Selbstgesteuertes Lernen, Schriftenreihe Psychologie und innovatives Management. Verlag für Angewandte Psychologie, Göttingen; Seattle

Hamburger Institut für berufliche Bildung (2011): Individualisiertes Lernen. Leitlinien und Perspektiven für die berufsbildenden Schulen in Hamburg. Hamburg

Konrad, K. (2014): Lernen lernen – allein und mit anderen Konzepten, Lösungen, Beispiele. Weingarten

Kultusminister Konferenz (2004): Rahmenlehrplan für den Ausbildungsberuf Kaufmann im Einzelhandel/ Kauffrau im Einzelhandel Verkäufer/ Verkäuferin. Link: https://www.kmk.org/fileadmin/Dateien/pdf/Bildung/BeruflicheBildung/rlp/KfmEinz elhandelVerkaeufer04-06-17idF16-09-16-E.pdf (abgerufen am 014.11.2018)

Kultusminister Konferenz (2016): Rahmenlehrpläne und Ausbildungsordnungen. In: Duale Berufsausbildung. Köln. Link: https://www.kmk.org/themen/berufliche-schulen/duale-berufsausbildung/rahmenlehrplaene-und-ausbildungsordnungen.html (abgerufen am 05.11.2018)

Malcher W. (2017): Die Einzelhandelsberufe Verkäufer/Verkäuferin und Kaufmann/Kauffrau im Einzelhandel 2017 - Erläuterungen zur neuen Ausbildungsverordnung vom 13.03.2017. In: HDE Handelsverband Deutschland. Link: https://www.einzelhandel.de/images/Bildung/HDEBrosch%C3%BCre_2017.pdf (abgerufen am 05.11.2018)

Milde, Bettina (2017): Indikatoren zur beruflichen Ausbildung-Das Wichtigste in Kürze. In: Datenreport zum Berufsbildungsbericht 2017 - Informationen und Analysen zur Entwicklung der beruflichen Bildung, Hrsg. Bundesinstitut für Berufsbildung. Bonn

Montessori, M., Böhm, W. (1990): Maria Montessori: Texte und Gegenwartsdiskussion, 4. Aufl. ed, Klinkhardts pädagogische Quellentexte. Klinkhardt, Bad Heilbrunn/Obb.

Online Akademie GmbH & Co. KG (2016): Rahmenlehrplan. In: Der Wegweiser zu Ausbildung und Beruf. Einzelhandelskauffrau. Köln. Link: http://www.einzelhandelskauffrau.org/ausbildung/rahmenlehrplan (abgerufen am 05.11.2018)

Rebmann, K./ Schlömer, T. (2011): Lerntheorien in der Berufs- und Wirtschaftspädagogik. In: Enzyklopädie Erziehungswissenschaft Online. Fachgebiet: Berufs- und Wirtschaftspädagogik, Lehren und Lernen in der Berufsbildung. Hrsg. Büchter, K. (S. 1-36). Weinheim

Rebmann, K./ Tenfelde, W. (2008): Betriebliches Lernen. Mering

Rebmann, K./ Tenfelde, W./ Schlömer, T. (2011): Berufs- und Wirtschaftspädagogik – eine Einführung in Strukturbegriffe. 4. Auflage. Wiesbaden

Rogers, C.R. (1984): Lernen in Freiheit: zur Bildungsreform in Schule und Universität, 4. Aufl., 15. u. 16. Tsd. ed. Kösel, München.

Siebert, H. (2003): Lernen ist immer selbstgesteuert – eine konstruktivistische Grundlegung. In: Selbst gesteuertes Lernen – Theoretische und praktische Zugänge. Hrsg. Witthaus, U./ Wittwer, W./ Espe, C. (S. 13-25). Bielefeld

Tredop, D./ Schwartz, H. (2011): Individualisierung als Herausforderung für berufsbildende Schulen. In: Landesinstitut für Lehrerbildung und Schulentwicklung Hamburg: Werkstattbericht zum individualisierten kompetenzorientierten Unterricht Erfahrungen und Unterrichtsmaterialienaus dem Netzwerk SELKO/KomLern

Verordnung über die Berufsausbildung zum Verkäufer und zur Verkäuferin sowie zum Kaufmann um Einzelhandel und zur Kauffrau im Einzelhandel (Verkäufer- und Einzelhandelskaufleuteausbildungsverordnung – VerkEHKfAusbV (2017). Link: https://www.bibb.de/tools/berufesuche/index.php/regulation/verkaeufervo2017.pdf (abgerufen am 05.11.2018)

BEI GRIN MACHT SICH IHR WISSEN BEZAHLT

- Wir veröffentlichen Ihre Hausarbeit, Bachelor- und Masterarbeit

- Ihr eigenes eBook und Buch - weltweit in allen wichtigen Shops

- Verdienen Sie an jedem Verkauf

Jetzt bei www.GRIN.com hochladen und kostenlos publizieren